Hiroko Miyamoto

佐藤友生 原画使用
（息子の友人）
代表作：トモダチゲーム
妖怪のお医者さん

植物画家 山田道惠 画　2013年カレンダーより
出版社：FRONTIA株式会社

和柄デザイン：成願義夫

Keiko Kikuchi

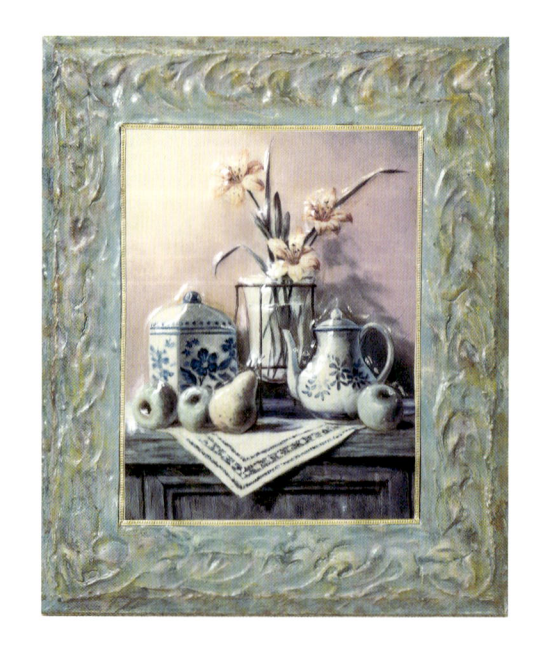

Mariko Ugumori

Yasuko Chiba

7

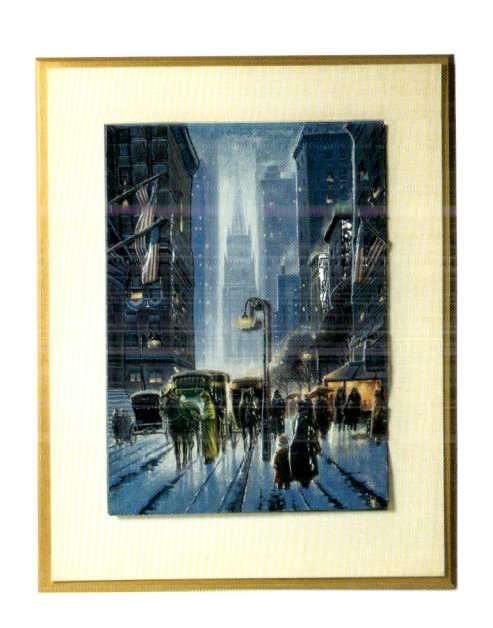

Masako Sasaki

9

Saeko Okada

11

Kinue Kotaka

13

Yuri Nochiyama

15

Hidemi Kawanaka

17

Yoshie Sugawara

18

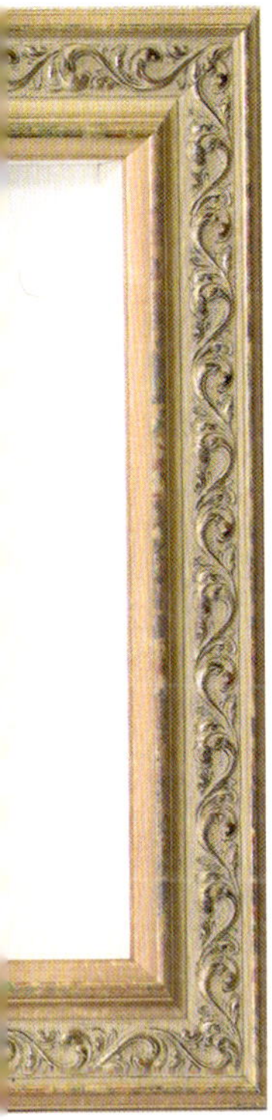
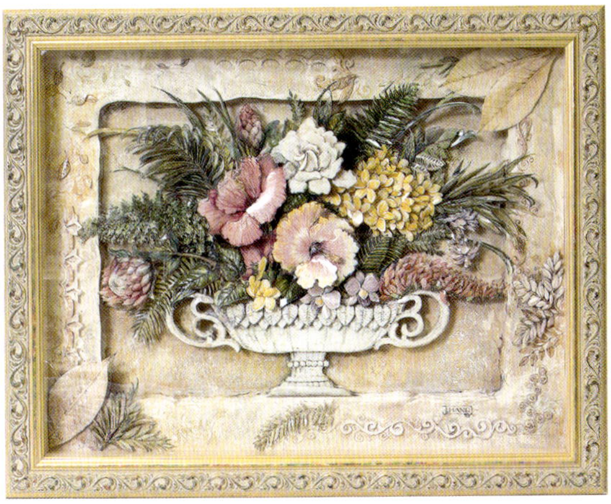
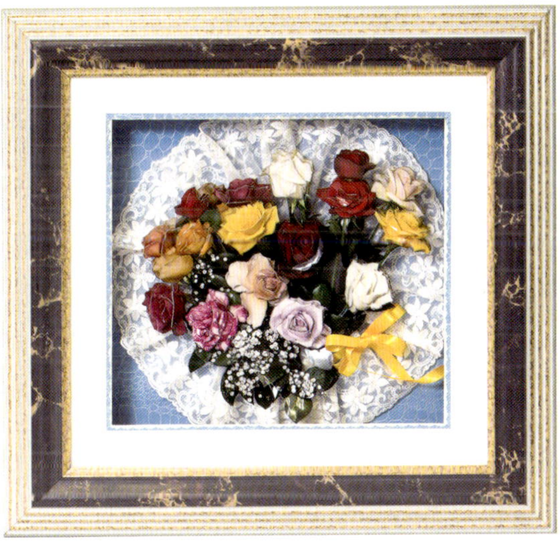
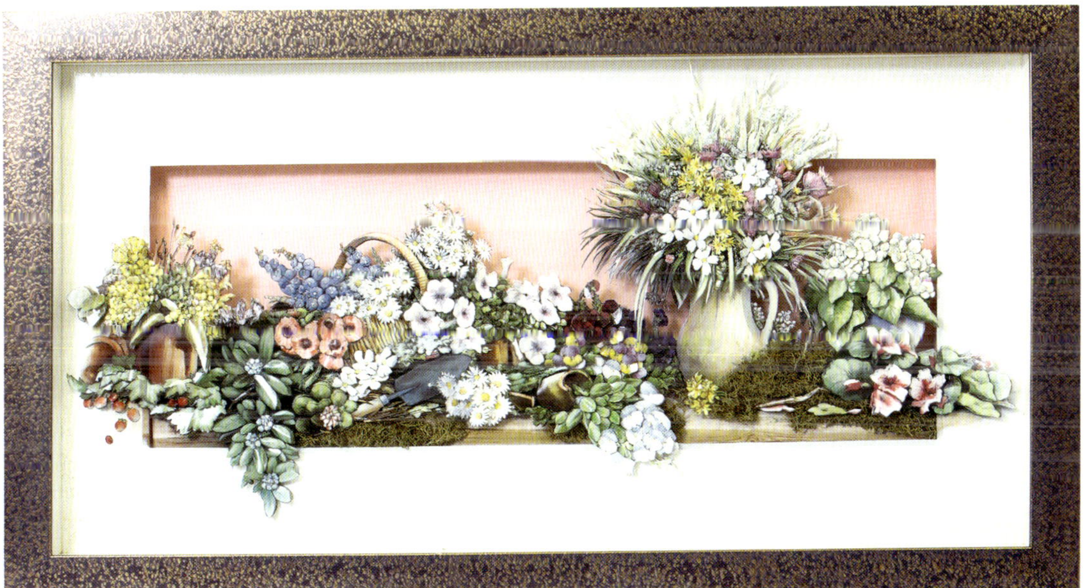

Kazuko Kato

21

Yoshimi Kawashima

23

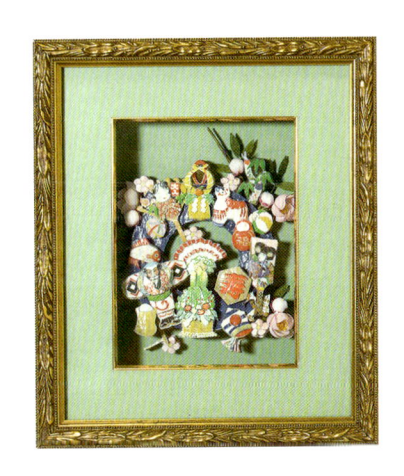

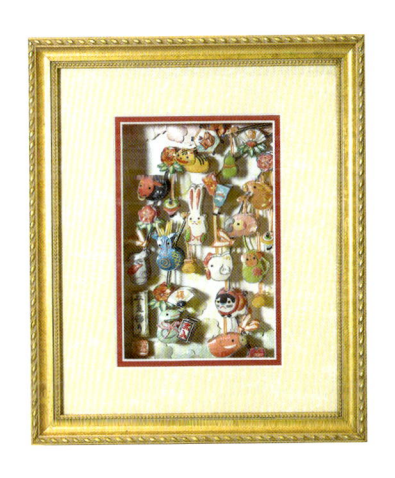

Kiyoko Miyoshi

Yoko Yasutomi

Ryoko Mishima

Yasuyo Imazeki

Kiyoko Ishii

Tomiko Iwata

Shiho Okada

Chieko Sano

Sachiko Okada

31

Teruko Yagami

Chiyoko Nagata

Akiko Sekine

Sachi Hamano

Soyomi Maekawa

Tomoko Nakano

Akimoto Mito

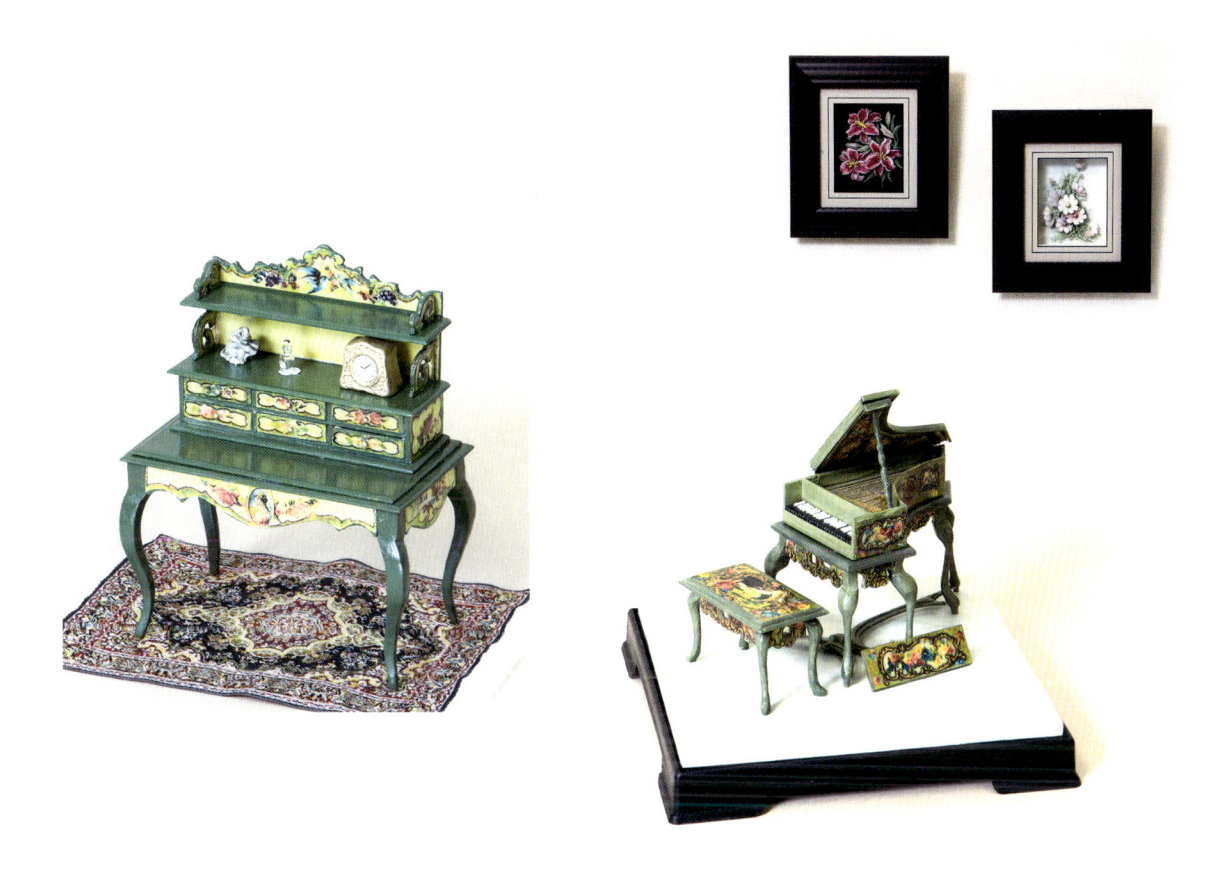

Maki Miyai

Kyoko Kawakami

Mayumi Umetsu

Happy Cristmas

Happy New Year

技法：ハルエンタープライズ考案

【1枚立体の作り方】

①プリントの表にトランスファーまたはグロスを2回塗る。

②粘土を入れたいところをカッターで切り込みを入れる。（必ずプリントのどこかを切らずに残す）

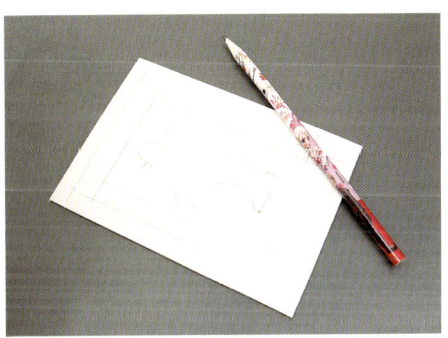

③板パーチ（板）に貼る位置を決め粘土を入れるところを鉛筆で書く。

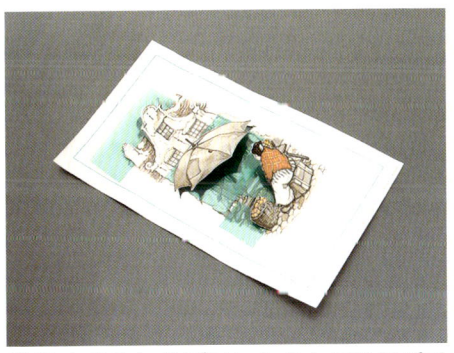

④粘土を入れるプリントのところにパラフィン紙、またはファイルを切ったものを挟んでおく。

⑤パーチ（板）の方にグルーを塗り、④をパーチ（板）に貼る。

⑥1枚ずつファイルを外し、そこに粘土を入れる。

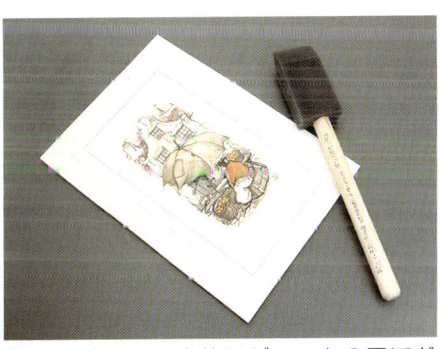

⑦形を整える。全体にグロスを3回ほど塗る。

39

【転写の1枚ルプゼ】

①プリントにトランスファーを8回塗る。

②洗面器などに水を入れ、①を5分ほど入れておき、裏から紙を剥がす。（全部ではなく半分位）ドライヤーで表と裏を乾かす。

③メガネケースの型紙を作り、②で作った表側に型紙をおきカットする。

④カットしたプリントの裏に粘土を入れたいところを鉛筆で書く。

⑤④に粘土を薄く入れる。（粘土を入れるところにボンドを塗っておく）
粘土を入れたら、メガネケースにグルー代わりにトランスファーを少し多めに塗る。

⑥⑤をメガネケースに貼り付ける。空気が入らないように中央から押さえて貼る。

⑦貼り終えたらグロスを3回ほど塗る。